AF249513

EXAMEN

Du projet de loi portant modification de la législation

SUR

LES COALITIONS.

CONFÉRENCE DES ATTACHÉS.

PRÉSIDENCE DE M. BRIÈRE-VALIGNY,

Docteur en droit, avocat général près la Cour impériale de Paris.

EXAMEN

Du projet de loi portant modification de la Législation

SUR

LES COALITIONS

PAR

J. BOULLAIRE,

Docteur en droit,

Avocat à la Cour impériale de Paris.

Extrait de la REVUE PRATIQUE DE DROIT FRANÇAIS
(TOME XVII)

PARIS

MARESCQ AÎNÉ, LIBRAIRE-ÉDITEUR
17, RUE SOUFFLOT.

1864

EXAMEN DU PROJET DE LOI

PORTANT MODIFICATION

DE LA LÉGISLATION SUR LES COALITIONS.

Au nombre des lois nouvelles qui, après avoir été élaborées au sein du conseil d'État, doivent être soumises à la discussion du Corps législatif durant la session de 1864, figure un projet qui modifie la loi sur les coalitions (1).

Cette réforme dans une certaine mesure pouvait être prévue. Un procès récent, qui a eu quelque retentissement, avait signalé cette partie de notre législation à l'attention publique et à l'initiative du gouvernement. Une poursuite pour coalition avait été dirigée, dans le mois de septembre 1862, contre un certain nombre d'ouvriers typographes de Paris, et les faits qui leur étaient reprochés, loin de présenter le caractère de violence et de passion que l'on rencontre d'ordinaire dans ces sortes d'affaires, révélaient de leur part, sous une apparente modération, la volonté énergique et réfléchie d'exercer ce qu'ils considéraient comme un droit.

La question, dépouillant tout caractère étranger, se posait ainsi d'une façon toute juridique. Un illustre orateur, M. Berryer, prêtant à la défense l'appui de sa parole, porta le débat sur le terrain même des principes qui ont inspiré la loi. Rappelant les souvenirs de sa vie politique, il présenta le commentaire de cette loi du 27 novembre 1849 dont il avait été un des législateurs, et il essaya de protester au nom de l'es-

(1) *Moniteur* du 6 novembre 1863. Le projet de loi, précédé d'un long exposé des motifs, a été présenté au Corps législatif dans sa séance du 18 février 1864. La commission chargée de l'examiner se compose de MM. Jules Simon, Arman, Buffet, Thoinnet de la Turmelière, Dupont, Chevandier de Valdrôme, Emile Ollivier, Nogent Saint-Laurens et Pinard. Les commissaires du Gouvernement étaient MM. L. Cornudet, conseiller d'État, et M. Cordoën, procureur général près la Cour impériale de Paris, dont la perte récente et prématurée a causé à la magistrature tout entière une si profonde douleur.

1

prit qui l'avait dictée contre l'application qu'on en prétendait
faire. Sa défense devait échouer devant la précision d'un texte
dont l'extrême brièveté n'a peut-être traduit qu'imparfaite-
ment les impressions diverses de l'Assemblée qui l'a votée,
mais qui n'en doit pas moins rester pour le magistrat un ordre souverain (1).

Telle est la loi qu'il s'agit aujourd'hui de modifier. Avant
d'examiner les principes nouveaux dont s'est inspiré le projet
de loi soumis au Corps législatif, il n'est peut-être pas sans
ntérêt de rechercher le dernier état de la jurisprudence ins-
pirée par cette législation défaillante, et d'y joindre quelques
considérations sur les principes juridiques et économiques
que met en cause cette réforme prochaine.

Deux sortes de coalitions sont prévues par le Code pénal (2) :

1° Les coalitions qui ont pour but d'opérer la hausse ou la
baisse des denrées, marchandises, papiers ou effets publics;

2° Les coalitions entre patrons ou entre ouvriers qui tendent à agir sur le travail de l'atelier et sur le prix des salaires.

En punissant les premières, la loi pénale veut seulement
déjouer une fraude commerciale et protéger contre ceux qui
s'en rendent coupables, soit les consommateurs, soit les autres
marchands. Les coalitions entre ouvriers sont surtout réprimées aujourd'hui à cause des désordres graves qui le plus
souvent les accompagnent, et des difficultés politiques qu'elles
peuvent amener. Nous aurons à examiner si le maintien de
la loi qui les proscrit n'intéresse pas aussi le principe économique de la liberté du travail.

I.

DES COALITIONS DESTINÉES A OPÉRER SUR LE COURS DES MARCHANDISES.

1° *Historique.* — La législation romaine nous fournit le premier exemple des mesures destinées à réprimer les accapare-
ments et à assurer le libre marché des subsistances publiques. L'approvisionnement de Rome devint sous l'Empire

(1) *Droit* des 13, 27, 28, 29 septembre, 14, 15 et 16 novembre 1862.

(2) Le Code pénal (art. 123 et suivants) traite encore des coalitions des
fonctionnaires, et il punit, sous ce nom, tout concert de mesures contraires
aux lois pratiqué par plusieurs dépositaires de l'autorité publique.

une lourde question politique, et la source d'embarras sans cesse renaissants que des lois énergiques essayaient de prévenir. La loi Julia, *De annona*, punissait ceux qui avaient formé une société ou une coalition pour rendre le blé plus cher (1). La loi 6, *De extraordinariis criminibus*, frappe les accapareurs (*dardanarii*), ou ceux qui détruisent ou retirent du marché les marchandises achetées, ou même qui refusent de vendre, spéculant sur l'espérance de mauvaises récoltes. La peine est l'interdiction de faire le commerce, si les coupables sont marchands, et pour les autres la déportation. Enfin, une constitution de l'empereur Zénon (2) supprime tous les monopoles que l'usurpation ou les faveurs impériales avaient établis au profit des particuliers, défend d'en autoriser aucun autre à l'avenir, et punit ceux qui s'en rendent coupables de la confiscation de tous leurs biens et de l'exil perpétuel.

Ces dispositions de la constitution de Zénon passèrent dans notre ancien droit français où elles servent à réprimer, sous le nom de monopoles : 1° l'accaparement des marchandises par un certain nombre de marchands ; 2° la convention secrète faite entre marchands de ne vendre leurs marchandises que dans un certain temps et à un prix déterminé ; 3° les usurpations des droits de banalité faites par les seigneurs en dehors d'un titre légitime.

Il était réservé à la Révolution française de renchérir encore sur ces sévérités exagérées. La Convention, s'inspirant trop fidèlement des terreurs populaires, et sous prétexte de remédier à des maux dont elle ne voulut pas connaître la cause, édicta, le 26 juillet 1793 (3), malgré l'opposition des Girondins, les fameuses lois du maximum. La situation financière et économique du pays était déplorable. La Révolution, qui avait à acquitter la dette de la monarchie, à rembourser le prix des offices dont elle avait supprimé la vénalité, et en outre à supporter les frais d'une guerre générale, pour subvenir à tant de besoins avait émis pour 5 milliards de papier-monnaie dont il avait fallu bientôt imposer la circulation forcée. La vente des biens nationaux devait assurer le rem-

(1) Dig., loi 2, *De lege Julia de Annona*.
(2) Loi 1, Code (*De monopoliis*).
(3) Dalloz, v° *Industrie et commerce*, p. 665.

boursement d'une partie de cette dette. « Mais, comme on
« doutait du succès de la révolution et du maintien des ven-
« tes, on n'achetait pas les biens. Les assignats restaient
« dans la circulation comme une lettre de change non accep-
« tée et s'avilissaient par le nombre et par la quantité (1). »
En août 1793, la valeur proportionnelle de l'argent et du
papier était de 1 à 6.

C'est en vain qu'un décret de la Convention du 11 avril 1793
avait puni de 6 ans de fer ceux qui vendaient du numéraire,
c'est-à-dire échangeaient une certaine quantité d'argent ou
d'or contre une quantité nominale plus grande d'assignats, ou
ceux qui dans les marchés qu'ils passaient stipulaient un prix
différent suivant que le paiement se ferait en numéraire ou en
assignats. Ces lois avaient été impuissantes à maintenir aux
assignats leur valeur nominale. Les marchands, comme il
était légitime, avaient quintuplé le prix de leurs marchandises, parce que la monnaie qu'on leur offrait n'avait plus que
le 5e de sa valeur. Le peuple ouvrier, moins habile à augmenter le prix de ses salaires dans les proportions toujours crois-
santes du discrédit des assignats, ne recevait plus qu'une partie de ce qui lui était nécessaire pour obtenir en échange les
objets de ses besoins et attribuait ses souffrances aux accapareurs qui retenaient les denrées et aux agioteurs qui les faisaient renchérir en trafiquant des assignats. Le défaut de pain
surtout se faisait cruellement sentir, et occasionnait partout une
véritable disette. Les blés ne manquaient pas cependant ; mais
les fermiers, redoutant les tumultes toujours croissants des
marchés et ne voulant pas livrer leur blé en échange d'une
valeur dépréciée, le retenaient dans leurs greniers. Le peu
qui était mis en circulation était enlevé rapidement par
les particuliers, désireux de prévenir par un approvisionnement les incertitudes de l'avenir. Le cours forcé du papier-
monnaie, pour être efficace, rendait donc nécessaire une autre
violence, le taux forcé des marchandises. Dès que la loi avait
dit : Le papier vaut 6 fr., elle devait dire : telle marchandise
ne vaut que 6 fr. ; car, autrement le marchand, en la portant
à 12, échappait à l'échange.

C'est dans ces circonstances que parut le décret du 26 juil-

____

(1) Thiers, *Histoire de la révolution française*, t. II, p. 235.

let 1793. Sont punis de mort : « 1° ceux qui dérobent à la
« circulation des marchandises ou denrées de première né-
« cessité qu'ils achètent et tiennent enfermées dans un lieu
« quelconque, sans les remettre en vente journellement et
« publiquement ; » 2° ceux qui font périr ou laissent périr
volontairement les denrées et marchandises de première nécessité. — Sont réputées marchandises de première nécessité,
outre les denrées alimentaires et comestibles de toute nature,
le charbon, le bois, le suif, l'huile, la soude, le savon, le sel,
le chanvre, le papier, les laines ouvrées et non ouvrées, les
cuirs, le fer, l'acier, le cuivre, le drap, la toile et générale-
ment toutes les étoffes, ainsi que les matières premières qui
servent à leur fabrication, les soieries exceptées. Tout déten-
teur de ces objets doit en faire la déclaration à la municipa-
lité, et un vaste système de visites domiciliaires est institué
pour contrôler l'exactitude de ces affirmations. Huit jours
après la proclamation du décret, ceux qui n'ont pas fait les
déclarations prescrites ou qui les ont faites inexactes, sont ré-
putés accapareurs et comme tels punis de mort. Trois jours
après la déclaration, le marchand doit vendre par petits lots
et à tout venant les denrées qu'il détient ; sinon, la vente en
est opérée par un commissaire désigné par la commune. Ce
commissaire fixe le prix de manière que le propriétaire ob-
tienne, s'il est possible, un bénéfice commercial d'après les
factures communiquées. Si le haut prix de ces factures rend
ce bénéfice impossible, la vente se fait au prix courant.

Cette législation draconienne disparut avec le pouvoir qui
l'avait édictée. Quand la réaction se fut faite contre le parti
jacobin, et que, pièce à pièce, son œuvre politique eut été dé-
truite, la loi du maximum fut un jour, sans éclat, emportée
à son tour, et deux décrets du 24 décembre 1794 (4 nivôse
an III) et du 2 janvier 1795 (13 nivôse an III) prononcèrent sa
suppression.

2° *Législation actuelle.* — Si nous passons maintenant de
cette étude historique à la législation et au Code pénal de
1810, nous trouvons l'art. 419, qui est ainsi conçu : « Tous
« ceux qui, par des faits faux ou calomnieux semés à dessein
« dans le public, par des suroffres faites au prix que deman-
« daient les vendeurs eux-mêmes, par réunion ou coalition
« entre les principaux détenteurs d'une même marchandise

« ou denrée tendant à ne la pas vendre ou à ne la vendre qu'à
« un certain prix, ou qui, par des voies ou moyens fraudu-
« leux quelconques, auront opéré la hausse ou la baisse du
« prix des denrées ou marchandises, ou papiers et effets pu-
« blics au-dessus ou au-dessous des prix qu'aurait déterminés
« la concurrence naturelle et libre du commerce, seront pu-
« nis d'un emprisonnement d'un mois au moins, d'un an au
« plus, et d'une amende de 500 à 10,000 francs. Les coupables
« pourront, de plus, être mis par l'arrêt ou le jugement sous
« la surveillance de la haute police pendant deux ans au
« moins et cinq ans au plus. »

Remarquons d'abord que, dans cet article, la coalition n'apparaît que comme un des moyens nombreux par lesquels une
hausse ou une baisse factice peut être opérée sur les denrées,
et elle n'est pas la seule manœuvre destinée à atteindre ce
but qui soit réprimée par la loi. Le texte mentionne encore,
à titre d'exemple, le fait de semer à dessein dans le public des
bruits faux ou calomnieux, ou d'offrir au vendeur, pour obtenir la hausse, un prix plus élevé que celui-là même demande. — Il ajoute, d'ailleurs, immédiatement que toute
autre voie ou moyen frauduleux tendant au même but sera
atteint par ses dispositions.

La loi, dans cet article, a eu deux intentions distinctes :
1° elle a entendu protéger les consommateurs contre les
fraudes commerciales destinées à opérer le renchérissement
des denrées. L'art. 420 (1), qui suit immédiatement, trahit
nettement cette pensée lorsqu'il augmente, dans une proportion considérable, les pénalités prononcées pour le cas où les
manœuvres ont été pratiquées sur les denrées alimentaires.
On aperçoit dans cette sévérité exceptionnelle un reste de ces
terreurs populaires de la Révolution dont nous avons briève-
ment recherché les causes. L'art. 420 était comme une satisfaction donnée par le législateur à des souvenirs récents encore et à des appréhensions que lui-même, peut-être, en
d'autres temps, avait partagées.

(1) Art. 420. La peine sera d'un emprisonnement de deux mois au moins
et de deux ans au plus, et d'une amende de 1,000 à 20,000 fr., si les manœuvres ont été pratiquées sur graines, grenailles, farines, substances fari-
neuses, pain, vin ou toute autre boisson. La mise en surveillance qui pourra
être prononcée sera de cinq ans au moins et de dix ans au plus.

2° La loi, dans un but plus modeste, veut encore protéger l'intérêt particulier de tels ou tels industriels d'une localité contre l'entente déloyale de trop puissants rivaux. Elle réprime le concert frauduleux de ceux qui, étant les seuls maîtres du marché, prétendent, par un abaissement momentané et dérisoire des prix, empêcher tout concurrent nouveau de venir s'établir. Elle veut, en un mot, protéger la liberté du commerce en laissant à la concurrence naturelle et libre le soin de déterminer les prix (1).

La Cour de cassation, en effet, a formellement déclaré que l'art. 419 s'applique à une coalition qui n'est dirigée que contre un seul établissement, et qui n'a effectué la hausse ou la baisse que vis à vis de cet établissement, aussi bien qu'à celle qui a eu pour objet et pour résultat une hausse ou une baisse générale sur le prix d'une marchandise (2).

Dans les deux cas, ces manœuvres ou coalitions ne sont punissables qu'autant que la hausse ou la baisse des prix a été opérée. La simple tentative du délit n'est passible d'aucune peine (3).

Les dispositions de l'art. 419 ne s'appliquent pas seulement aux détenteurs ou acquéreurs de denrées ou de marchandises corporelles et vénales, mais encore à tout ce qui, étant l'objet des spéculations du commerce, a un prix constant, habituellement déterminé par la libre concurrence (4).

Ainsi, le transport des personnes ou des choses doit être, en ce sens, considéré comme une véritable marchandise dans le sens de l'art. 419. Les divers entrepreneurs de messageries qui desservent une même route, se livrent, en réalité, au trafic, et spéculent sur la même matière, à savoir, le transport des personnes et des marchandises d'un lieu déterminé

______

(1) Il est à remarquer que cette réduction excessive du prix dans le but d'empêcher toute concurrence nouvelle, n'est un fait délictueux qu'autant qu'elle est le résultat d'une entente entre plusieurs commerçants ou industriels ayant le même intérêt. Il n'y aurait pas de poursuite possible, s'il n'existait dans la localité qu'une seule maison qui, par ce moyen, prétend arrêter l'établissement de toute maison rivale.

(2) Cass., rej., 7 janvier 1837, *Bull. cr.*, 8.

(3) Cass., 17 janvier 1818, *Bull. cr.*, n. 8. L'art. 419 porte expressément : « Tous ceux qui... *auront opéré* la hausse ou la baisse... »

(4) Cass., rej., 9 décembre 1836, *Bull. cr.*, n. 383.

dans un autre lieu déterminé (1). Dès lors, si quelques-uns de ces entrepreneurs se coalisent ou pratiquent des manœuvres frauduleuses pour opérer la hausse ou la baisse des prix au-dessous du cours qui serait résulté de la libre et naturelle concurrence, ils commettent une infraction qui rentre dans les cas prévus par l'art. 419 du Code pénal, et qui est de la compétence des tribunaux de police correctionnelle.

Toutefois, l'article n'est évidemment applicable qu'aux industries libres dans leur mode d'opérer, et spécialement dans la fixation du prix de leur marchandise ; mais il ne peut concerner les compagnies de chemins de fer, soumises, à raison de leur privilége, à des règlements qui déterminent leurs conditions d'existence.

La question s'est cependant présentée en ce qui les concerne, à l'égard des marchés qu'elles peuvent passer avec des entrepreneurs de voitures publiques.

Si une compagnie de chemin de fer, voulant assurer le transport des voyageurs d'une localité desservie par la voie ferrée à une autre localité qui s'en trouve éloignée, conclut avec un de ces entrepreneurs un marché avantageux dont elle refuse de faire jouir ses concurrents, y a-t-il lieu d'appliquer l'art. 419 ?

Un arrêt du 3 février 1855 (2) reconnaît d'une manière absolue l'existence du délit. Il porte qu'un pareil traité, passé entre la compagnie et l'entrepreneur, contenant un engagement réciproque de leur part à l'exclusion d'autres entreprises desservant les mêmes routes, constitue le délit de coalition que ne peut effacer d'ailleurs la ratification postérieure de ce traité par l'autorité supérieure. Cette autorisation ne peut avoir un effet rétroactif et enlever aux faits poursuivis leur caractère délictueux qui existe dès le jour de la mise à exécution des traités respectivement consentis.

Une pareille décision ne me paraît pas à l'abri de toute critique. Le texte de l'article 419 ne punit que les coalitions par lesquelles divers détenteurs d'une marchandise prétendent causer préjudice à leurs concurrents. Or dans l'espèce la compagnie de chemin de fer et le voiturier avec qui elle a traité

(1) Cass., 9 août 1839, *Bull. cr.*, n. 255.
(2) Cass., 3 février 1855, *Bull. cr.*, n. 30.

représentent des entreprises tout à fait différentes, et ne peuvent être considérés comme deux concurrents commerciaux qui se sont unis un jour pour nuire à un troisième rival. Quels sont d'ailleurs les avantages qui ont pu être consentis au profit de l'entrepreneur? Ce sera le plus souvent une somme d'argent qui doit lui être payée annuellement par la compagnie pour l'aider à soutenir son entreprise, ou bien ce sera la facilité accordée aux voyageurs de s'assurer, à une station plus ou moins éloignée, dans l'intérieur même de la gare, une place par avance pour la route de terre qu'ils auront à parcourir. Ces conventions peuvent assurément rendre plus onéreuse l'existence d'une entreprise rivale. Mais cette entreprise ne saurait voir dans ces avantages consentis à titre gratuit par un tiers à un de ses concurrents une coalition tombant sous l'application de la loi.

L'industrie des transports n'est pas la seule à laquelle ait été appliquée la répression prononcée par l'article 419. Il a été jugé de même qu'en matière d'assurance, les obligations des polices d'assurance constituent une véritable marchandise, objet du commerce de ceux qui dirigent l'entreprise. Dès lors doivent tomber sous l'application de la loi les manœuvres coupables qui ont pour effet d'opérer sur le taux des assurances une hausse ou une baisse factice, et spécialement sont passibles des peines qu'elle prononce les assureurs maritimes qui font entre eux un accord pour fixer chaque mois le minimum du taux des primes d'assurances (1).

Comme on peut le voir, des deux intérêts que l'article 419 prétend protéger, le moins important et le moins considérable trouve seul sa garantie dans les arrêts que nous venons de citer. Presque tous aboutissent en effet à défendre tel ou tel industriel et commerçant contre la concurrence puissante que lui fait subir la trop bonne harmonie de quelques-uns de ses rivaux. Aucun d'eux ne prétend garantir l'intérêt public contre la hausse des denrées ou des marchandises qui pourrait être le résultat des manœuvres de ceux qui les détiennent. C'est qu'en effet le développement immense de l'industrie, la facilité, l'économie et la rapidité des transports ont créé pour le marché de toutes les denrées des conditions

_____

(1) Rej., 16 mai 1845, *Bull. cr.*, n. 173.

nouvelles qui ne permettent plus d'imaginer que l'entente de quelques particuliers, si puissants qu'on les suppose, puisse exercer sur les prix une influence durable. Aussi a-t-on réclamé quelquefois la suppression de l'article 419, non pas comme dangereux, mais comme inutile.

Je dois mentionner cependant quelques arrêts qui ont eu pour but de réprimer des coalitions destinées à produire le surenchérissement des denrées de consommation publique. Ces arrêts s'appliquent à de certaines industries placées sous un régime administratif spécial, et dans lesquelles le principe salutaire de la libre concurrence ne peut s'exercer. La Cour de cassation, réformant un arrêt de la Cour de Lyon, a décidé que l'article 419 était applicable aux bouchers d'une ville qui, par suite d'une coalition formée entre eux, ont cessé d'abattre des bestiaux et de garnir leurs étaux, et ont ainsi contraint l'autorité municipale à élever la taxe de la viande de boucherie (1). Un arrêt du 29 mai 1840 a fait l'application des mêmes principes aux coalitions entre boulangers destinées à opérer la hausse du prix du pain (2).

Le décret du 22 juin 1863, qui a institué la liberté de la boulangerie, n'a pas eu pour effet d'autoriser les boulangers à se concerter pour fixer désormais entre eux d'une manière uniforme le prix du pain. Comme toutes les industries libres, la boulangerie reste soumise à l'article 419 du Code pénal prohibant les coalitions. Ainsi l'a décidé un jugement récent du tribunal de Charleville en date du 15 février 1864 (3).

Il existe un autre genre d'opérations qui tombent sous l'application de l'article 419 et pour lesquelles la loi s'est montrée spécialement sévère ; je veux parler des opérations de bourse. L'article 419 punit en effet les voies ou moyens frauduleux par lesquels auront été opérées la hausse ou la baisse des papiers et effets publics.

Les articles 421 et 422 (4), de leur côté, punissent des mêmes

(1) Cass., 3 juillet 1841, *Bull. cr.*; n. 202

(2) Cass., rej., 29 mai 1840, *Bull. cr.*, n. 151. Voir aussi tribunal d'Issoudun, 26 novembre 1863 (*Mon. des tribunaux*, 13 déc. 1863).

(3) *Gazette des tribunaux* des 22-23 février 1864.

(4) Art. 421. Les paris qui auront été faits sur la hausse et sur la baisse des effets publics seront punis des peines portées par l'art. 419.

Art. 422. Sera réputée pari de ce genre toute convention de vendre ou de

peines les paris faits sur la hausse ou la baisse, et en outre toute convention de vendre ou de livrer des effets publics qui ne seront pas prouvés par le vendeur avoir existé à sa disposition au temps de la convention, ou avoir dû s'y trouver au temps de la livraison.

Cette législation interdit par conséquent même les marchés à terme, lorsque le vendeur, n'ayant pas en sa possession les effets qu'il vend, doit seulement comme ressource extrême, si mieux il n'aime recourir à d'autres expédients bien connus, trouver la faculté de se les procurer à la Bourse au moment de la livraison. Quoique le vendeur puisse être assuré de rencontrer sur ce grand marché public les titres dont il a besoin, on ne peut considérer cette faculté comme constituant de sa part la preuve précise exigée par la loi, de l'existence en sa possession des valeurs vendues (1).

Le législateur de 1810 voulait proscrire toute spéculation du marché public et le réserver exclusivement aux opérations faites au comptant, assurant ainsi que les cours seront toujours déterminés de la manière la plus exacte par le jeu naturel de l'offre et de la demande. Il pensait, sans doute, que la spéculation peut bien, dans le hasard précipité de ses opérations, déplacer à l'infini les éléments de la fortune publique, mais qu'elle est impuissante à les augmenter, qu'elle peut bien, dans l'entraînement qu'elle excite, créer de temps en temps, par l'élévation des cours, une prospérité factice, mais que, par une loi naturelle de réaction, ces apparences trompeuses doivent s'évanouir bientôt pour faire place à des embarras plus grands.

Je n'ignore pas toutefois que, depuis cette époque, il s'est produit d'autres doctrines contre lesquelles des voix plus au-

---

livrer des effets publics qui ne seront pas prouvés par le vendeur avoir existé à sa disposition au temps de la convention ou avoir dû s'y trouver au temps de la livraison.

(1) Les principes de la loi et de la jurisprudence, sur ce point, ont été exposés et défendus avec une grande énergie par M. Delangle, dans la séance du Sénat du 5 mars 1864 (*Moniteur* du 6 mars). La Cour impériale de Paris valide les marchés à terme et les déclare obligatoires lorsque la situation de fortune des contractants a pu faire croire à l'agent de change qui a joué le rôle d'intermédiaire que le marché était sérieux et qu'il ne s'agissait pas d'une opération de jeu. (Voir Bulletin de la Cour Imp. de Paris, n° 1.)

torisées que la mienne et des arrêts de justice ont pris soin de protester.

En présence de ces pratiques nouvelles, les art. 419, 421 et 422 ont cessé de recevoir presque aucune application. En ce qui concerne spécialement l'art. 419, la difficulté même de constater le succès des manœuvres coupables qu'il prétend réprimer suffit peut-être à expliquer cette inaction.

Quoi qu'il en soit, l'ensemble de ces dispositions ne nous apparaît plus aujourd'hui que comme une curiosité législative conservée dans nos Codes, et qui nous fait connaître quelles furent en d'autres temps les aspirations de la loi.

II.

DES COALITIONS ENTRE PATRONS ET ENTRE OUVRIERS.

Les coalitions par lesquelles les patrons ou les ouvriers essaient d'influer sur le taux des salaires ou de modifier les conditions du travail dans les manufactures, sont réprimées par les art. 414, 415 et 416 du Code pénal, dont la rédaction nouvelle date de la loi du 27 novembre 1849. Ce sont les seules auxquelles s'applique la prochaine réforme législative.

La répression de ces coalitions repose sur le même principe que celui qui a fait interdire les coalitions destinées à agir sur le cours des denrées. Les salaires ont été considérés par la loi comme une marchandise véritable dont le prix doit être déterminé par le jeu naturel de l'offre et de la demande. La coalition qui groupe en un seul faisceau les intérêts multiples d'un certain nombre d'ouvriers ou de patrons, altère ces conditions naturelles et cette harmonie économique. Une seule voix désormais parlera au nom de tous, et représentera, dans un but commun, des intérêts qui devraient être rivaux. La coalition, en un mot, opère la rareté sur le marché soit de l'offre, soit de la demande, et c'est à ce titre qu'elle est réprimée. « Le prix de toute chose, disait M. de Vatimesnil, « rapporteur de la loi du 27 novembre 1849, doit être déter- « miné par la concurrence, et ce qui rend les coalitions illi- « cites et punissables, c'est qu'en étouffant la concurrence, « elles tendent à substituer un prix factice au prix réel et « légal. La concurrence est la puissance vitale de l'industrie

« et du commerce, comme l'émulation est la puissance vitale
« des travaux intellectuels et des arts libéraux. Le motif
« principal de la loi se manifeste dans l'art. 419, et il s'ap-
« plique nécessairement aux art. 414, 415 et 416, parce que
« la matière est analogue. Le travail s'achète comme les mar-
« chandises; il doit être soumis à une concurrence aussi libre
« que celle des marchandises. Tel est l'esprit du Code pénal
« et celui des lois qui l'ont précédé (1). »

Il importe de bien préciser quels sont les éléments constitutifs du délit de coalition.

§ 1er. *Des coalitions entre les patrons.*

L'art. 414 porte : « Sera punie... toute coalition entre ceux
« qui font travailler des ouvriers, tendant à forcer l'abaisse-
« ment des salaires, s'il y a eu tentative ou commencement
« d'exécution. »

Le premier élément du délit est donc le concert établi entre
les patrons à l'effet d'atteindre un but déterminé, l'abaissement des salaires. Mais cette entente secrète ne devient coupable que si elle est suivie d'une tentative ou d'un commencement d'exécution. C'est là le second élément constitutif de
la répression. Ces deux termes, tentative ou commencement
d'exécution, sur lesquels on a beaucoup discuté, me paraissent se définir d'eux-mêmes, et, pour me servir d'un exemple
qui traduise nettement ma pensée, je dirai qu'il y a tentative
d'exécution si un des patrons coalisés annonce à ses ouvriers
l'abaissement des salaires qu'il se propose d'établir; qu'il y a
commencement d'exécution si en fait, durant un certain
temps, si court qu'il puisse être, le nouveau tarif leur a été

(1) Rapport de M. de Vatimesnil, *Mon.* du 7 octobre 1849, p. 2999.
V. Duvergier, 1849, p. 389. L'exposé des motifs de la loi nouvelle corrige
cette théorie économique en ce qu'elle a de trop absolu. Il fait remarquer
avec raison que la loi de l'offre et de la demande n'est pas la seule qui serve
à déterminer le taux du salaire. Ce taux est influencé encore par la nécessité
absolue où est l'ouvrier de trouver dans son salaire des moyens suffisants de
subsistance. Et, à l'inverse, existe de même pour le patron la nécessité non
moins absolue d'établir son prix de revient de manière à pouvoir soutenir la
concurrence des autres industriels de l'intérieur et de l'extérieur. (*Gazette des
tribunaux*, 22 et 23 février 1864.)

appliqué. En un mot, dès que le concert frauduleux.se révèle au dehors par un acte d'exécution, si minime qu'il soit, le délit est suffisamment caractérisé.

La loi parle de coalition entre *ceux qui font travailler des ouvriers*. La généralité de ces termes permet de l'appliquer à tous ceux qui, à un titre quelconque, jouent vis à vis de quelques ouvriers le rôle de patrons, fussent-ils eux-mêmes, à un autre point de vue, et vis à vis d'autres personnes, de simples ouvriers.

Cependant l'art. 414 étant placé dans le Code pénal sous une rubrique qui est ainsi conçue : *Violation des règlements relatifs aux manufactures, au commerce et aux arts*, les commentateurs sont d'accord pour faire l'application de ce titre en ce sens que le délit de coalition doit être restreint aux industriels et aux commerçants. Il ne s'applique ni aux propriétaires ni aux fermiers, dont les coalitions sont encore régies par deux articles de la loi du 28 septembre 1791 (1).

Cette loi, qui portait le nom de Code rural, était destinée à réglementer, par de nombreuses dispositions, le régime nouveau auquel le sol de la France allait être soumis, en exécution des réformes radicales que la Révolution avait fait subir à l'organisation féodale des terres et du travail agricole. Les art. 19 et 20, du titre II, sont ainsi conçus :

Art. 20. Les propriétaires ou les fermiers d'un même canton ne pourront se coaliser pour faire baisser ou fixer à vil prix la journée des ouvriers ou les gages des domestiques, sous peine d'une amende du quart de la contribution mobilière des délinquants, et même de la détention de police municipale, s'il y a lieu.

L'article 21 réprime de même les coalitions d'ouvriers agricoles. — « Les moissonneurs, les domestiques et ouvriers de la campagne ne pourront se liguer, entre eux, pour faire

(1) Carnot, t. II, p. 362 ; Chauveau et Faustin Hélie, *Th. du C. pénal*, t. VII, p. 468. Le législateur de 1849 a reconnu lui-même le maintien de cette loi. V. rapport de M. de Vatimesnil, Duvergier, p. 385. Aucune mention n'en étant faite dans le projet de loi présenté au Corps législatif, elle devra, je crois, être considérée comme maintenue, si la discussion n'amène, sur ce point, aucune déclaration formelle. Une abrogation pure et simple en serait assurément préférable.

hausser et déterminer le prix des gages ou les salaires, sous
peine d'une amende qui ne pourra excéder la valeur de 12
journées de travail, et, en outre, de la détention municipale.

Il est à remarquer que la détention municipale, qui est fa-
cultative contre les propriétaires et les fermiers, est toujours
obligatoire quand il s'agit de punir les moissonneurs et les
ouvriers. Cependant, il importe de remarquer que la péna-
lité prononcée par cette ancienne loi est beaucoup moins sévère que celle qui figure au Code pénal contre les coalitions
industrielles. Par contre, la loi de 1791 punit la coalition indépendamment de toute tentative ou de tout commencement
d'exécution.

§ 2. *Des coalitions entre ouvriers.*

Le § 2 de l'article 414 est ainsi conçu : « Sera punie... toute
« coalition de la part des ouvriers, pour faire cesser en
« même temps (1) de travailler, interdire le travail dans un
« atelier, empêcher de s'y rendre, avant ou après certaines
« heures, et en général pour suspendre, empêcher, enchérir
« les travaux, s'il y a eu tentative ou commencement d'exé-
« cution. »

Nous avons vu que les coalitions entre patrons n'étaient
punies qu'autant qu'elles avaient pour but d'amener l'abaissement des salaires. La loi, en ce qui concerne les coalitions
d'ouvriers, a pris garde de ne pas circonscrire d'une manière
aussi étroite les motifs d'intelligence qu'elle jugeait dignes
de répression. En présence du texte de l'article 414, on
peut dire que tout concert entre les ouvriers destiné à soutenir un de leurs intérêts communs d'industrie ou d'atelier,
peut être considéré comme un délit. Le plus souvent, la

______

(1) Ces mots : *en même temps*, de l'art. 414, ont servi de texte à une thèse
singulière qui a été soutenue par M. Carnot, *Comm. du C. pénal*, t. ii, p. 414.
Le commentateur prétend qu'à raison de la présence de ces mots dans la loi,
toutes les circonstances extérieures qui manifestent le délit, suspension, interdiction, empêchement de travail, doivent être réunies pour constater le
délit, au moins en ce sens que, lorsqu'elles sont réunies, le juge ne peut se dis-
penser de condamner, tandis que, lorsqu'elles sont séparées, il jouit d'un
pouvoir discrétionnaire. La construction grammaticale et le sens naturel de
la phrase suffisent à réfuter cette interprétation.

coalition a pour but l'augmentation des salaires; elle peut viser aussi à modifier les conditions du travail commun et par exemple à en diminuer la durée. Enfin, on l'a vue quelquefois se faire une arme des griefs d'un des ouvriers contre le patron et en poursuivre contre lui l'éclatante et humiliante réparation (1). Le moyen qu'elle emploie le plus souvent est, à la suite d'une entente préalable, la cessation subite et générale des travaux, ce que l'on nomme la grève.

. La loi qui condamne toute coalition, quel que soit son but, ne la punit cependant que si elle a été suivie d'une *tentative ou d'un commencement d'exécution*. Il faut donner ici à ces termes le même sens général que nous leur avons attribué plus haut. La tentative d'exécution, c'est tout acte extérieur tendant à l'exécution même. Il suffira que le travail à un moment donné ait été, comme le dit la loi, suspendu, empêché, troublé par le fait de la coalition pour qu'il y ait commencement d'exécution. La dénonciation de la grève au patron avant même la cessation des travaux doit être considérée comme une tentative qui suffit pour faire apparaître le délit.

Je n'irai pas cependant jusqu'à dire, avec certains commentateurs, qu'il faut attribuer le même caractère aux manœuvres employées auprès de certains ouvriers pour les faire adhérer à la coalition. Cet acte n'est pas une tentative d'exécution, mais seulement cet acte, préparatoire, cet accord préalable des ouvriers, que la loi déclare expressément ne pas vouloir frapper lorsqu'il ne doit pas aboutir (2). Il faudrait pour punir cette sorte de propagande ouvrière un texte spécial que nous rencontrerons d'ailleurs inscrit avec soin dans une législation étrangère.

La coalition des ouvriers n'est pas seulement punie quand elle est dirigée contre le maître, mais encore lorsque, sous une forme quelconque, elle prétend imposer des lois dans l'atelier. L'art. 415, en effet, est ainsi conçu : « Seront aussi punis des « peines portées par l'article précédent, et d'après les mêmes « distinctions, les directeurs d'atelier ou entrepreneurs d'ou-

---

(1) La coalition doit être punie, même si elle a pour but apparent de faire respecter un règlement ancien de l'atelier. (Cass., 24 fév. 1859, B. C., 62.)

(2) Dalloz, v° *Industrie et commerce*, n. 404.

« vrages, et les ouvriers qui, de concert, auront prononcé des
« amendes autres que celles qui ont pour objet la discipline
« intérieure de l'atelier, des défenses, des interdictions ou
« toutes proscriptions sous le nom de damnations ou sous
« quelque qualification que ce puisse être, soit de la part des
« directeurs d'atelier ou entrepreneurs, soit les uns contre les
« autres. »

La loi du 27 novembre 1849 a diminué, sur ce point, la sévérité du Code pénal, qui punissait les défenses, les interdictions et les proscriptions, indépendamment de toute coalition
préalable. L'existence d'un concert entre les ouvriers ou les
directeurs d'atelier est aujourd'hui nécessaire pour constituer
le délit. Mais il est à remarquer qu'indépendamment de tout
acte extérieur et de tout commencement d'exécution, le fait
d'avoir prononcé ces interdictions suffit pour donner lieu à
l'application de la loi.

Le plus souvent la coalition ne comprend que des ouvriers
et des patrons réunis pour soutenir, les uns contre les autres,
ce qu'ils croient être leur intérêt commun. Cependant cette
unité ou cette communauté d'intérêts n'est pas essentielle
pour constituer le délit. La Cour de cassation a décidé que la
coalition peut exister entre un maître et ses ouvriers ligués
contre d'autres établissements rivaux, bien que les intérêts du
maître et ceux de ses ouvriers soient distincts (1).

Pénalités. — Les coalitions entre patrons ou entre ouvriers sont punies d'un emprisonnement de six jours à trois
mois et d'une amende de 16 fr. à 10,000 fr. Avant la loi du 27
novembre 1849, des peines plus sévères étaient prononcées
contre les ouvriers dont les coalitions avaient paru au législateur plus graves et plus redoutables pour l'ordre public que
celles des patrons. Cette inégalité de répression entre des délits parallèles était trop contraire au principe même de la justice pour pouvoir être maintenue, et elle a heureusement
disparu.

L'art. 414 déploie une sévérité tout exceptionnelle vis-à-vis
des chefs ou moteurs des coalitions, qui sont punis d'un emprisonnement de deux ans à cinq ans. L'art. 416 ajoute qu'a-
près l'expiration de leur peine, ils pourront, en outre, être

(1) Cass., 2 juillet 1853, *Bull. cr.*, n° 340.

mis sous la surveillance de la haute police pendant deux ans
au moins et cinq ans au plus. Cette répression extraordinaire
n'était dirigée, avant la loi de 1849, que contre les chefs ou
moteurs des coalitions ouvrières, et elle a été étendue par
cette loi à ceux qui jouent ce rôle dans les coalitions entre
patrons.

Il est légitime de frapper plus sévèrement ceux qui, par
leurs conseils et leurs excitations, ont, dans un but souvent
suspect, entraîné les ouvriers à ce jeu dangereux des coalitions. MM. Chauveau et Faustin Hélie (1) croient cependant
devoir faire observer qu'il y a dans la peine qui est prononcée
contre eux une disproportion véritable. « Il s'agit, en effet, de
« punir l'auteur et les complices d'un même délit, et, si les
« circonstances particulières de ce délit admettent une déro-
« gation à la règle qui frappe les complices et les moteurs
« d'une même répression, il n'est pas permis du moins de
« placer un intervalle immense entre les deux peines. »

Les peines portées contre les ouvriers ou les patrons coupables de coalition sont aussi les mêmes qui sont prononcées
par l'art. 415 contre les ouvriers qui essaient d'agir sur les règlements de l'atelier par les manœuvres connues sous le nom
de *damnations* dont nous avons parlé plus haut.

Quand la coalition a été accompagnée de violences contre
les personnes ou envers les propriétés, de cris séditieux, de
rebellion envers les agents de l'autorité publique, ou de tous
autres actes qui constituent des délits distincts, les auteurs
de ces désordres doivent en répondre à la juridiction répressive, et sont alors passibles des peines plus graves édictées
par les art. 219, 221 et autres du Code pénal.

Cependant il faut prendre garde de ne pas considérer trop
facilement, comme des délits distincts, des faits qui ne sont que
la conséquence et l'exécution même de la coalition. C'est ainsi
que la Cour de cassation (2) a décidé que le délit de coalition
d'ouvriers ne rentre pas dans la classe des délits politiques, alors
même que la coalition s'est formée sous l'influence d'une pensée politique, parce que l'intention des agents qui l'ont provoquée ne peut changer le caractère primitif de la prévention, et

(1) *Théorie du Code pénal*, t. V, p. 460.
(2) Cass., 4 septembre 1834, *Bull. cr.*, n. 292.

que le délit conserve sa qualification, malgré les circonstances qui en modifient la gravité.

III.

CONSIDÉRATIONS LÉGISLATIVES ET ÉCONOMIQUES.

Tel est l'ensemble de la législation et de la jurisprudence en ce qui concerne les coalitions ouvrières. Au moment où cette législation va être modifiée, il n'est pas inutile de rechercher quels sont les principes qui ont inspiré l'œuvre qui va disparaître, d'étudier les éléments successifs de sa constitution, de quitter, en un mot, l'œuvre du jurisconsulte pour celle du publiciste et de l'historien.

§ 1er. *Partie historique.*

Avant 1789, à toutes les époques et presque dans toutes les législations, les maîtres, ouvriers et apprentis de chaque industrie apparaissent classés en corporations puissantes, dont l'origine générale est due sans doute à ce sentiment naturel qui établit des liens plus étroits et des relations plus assidues entre tous ceux pour qui le même travail a créé une communauté d'intérêts. Ces relations, volontaires d'abord, deviennent partout, sous l'empire de réglementations puissantes et de préoccupations politiques, nécessaires et forcées.

Dans la corporation romaine, l'abstention, même individuelle, est interdite, et, dans les professions nécessaires aux subsistances, la personne de l'ouvrier n'est libérée que lorsqu'il peut fournir un remplaçant; s'il quitte l'atelier, il y est ramené de force comme un déserteur.

Au moyen âge, la corporation est soumise à des règles étroites qui déterminent avec un soin minutieux les conditions du travail, le salaire qui lui est dû et la hiérarchie inflexible qui classe entre eux les maîtres, les compagnons et les apprentis. Elle constitue ainsi une véritable coalition permanente, d'une part, vis à vis des autres corps de métiers et des particuliers qui doivent subir ses lois, et, d'autre part, vis à vis des membres mêmes qui les composent, pour qui toute liberté de travail individuel est supprimée.

L'autorité royale, qui contrôle et réforme à l'occasion les règlements des corporations, est le seul frein imposé à la puissance de ces petites oligarchies industrielles où se monopolise tout le travail du pays. Mais c'est elle aussi qui, soutenant le principe qui les inspire, se charge, par des édits ou des ordonnances, de réprimer les coalitions ouvrières et toutes les autres tentatives qui peuvent être faites pour arriver à l'émancipation du travail.

L'ordonnance de Villers-Cotterets, d'août 1539, qu'on peut citer comme la plus ancienne qui règle cette matière, porte la disposition suivante :

Art. 191. « Défendons à tous maîtres, compagnons et ser- « viteurs de tous métiers, les congrégations ou assemblées « grandes et petites, tous monopoles, toutes intelligences du « fait de leur métier, sous peine de confiscation de corps et de « biens. » Cette ordonnance réprimait les coalitions des maîtres comme celles des ouvriers (1).

Peu de temps après, le 28 septembre 1541, l'édit de Fontainebleau, enregistré au Parlement de Lyon le 12 août 1542, et portant règlement sur l'imprimerie et le devoir des imprimeurs de Lyon, vint faire l'application de cette interdiction en termes plus explicites à cette industrie spéciale. « Toute- « fois, dit François Ier dans le préambule de cet édit, depuis « trois ans, en çà, aucuns serviteurs, compagnons impri- « meurs, malvivants, ont suborné et mutiné la pluspart des « autres compagnons, et se sont bandés ensemble pour con- « traindre les maistres imprimeurs de leur fournir plus gros « gage et nourriture plus opulente que par la coutume an- « cienne ils n'ont jamais eu. » Et l'édit ajoute : « Que lesdits « compagnons et apprentifs d'icelui estat imprimerie n'ayent « à faire aucun serment, monopole et n'avoir aucun capitaine « entre eux, lieutenant, chef de bande ou autre, ne ban- « nières ou enseignes, ne assemblées hors les maisons et poêles « de leurs maîtres, n'ailleurs, en plus grand nombre que de « cinq, sans congé et authorité de justice, sous peine d'être « emprisonnés, bannis et punis comme monopoleurs. »

Cet édit invoque l'intérêt public et il déplore les funestes effets de ces coalitions qui ont laissé dépérir l'art de l'imprimerie,

---

(1) Fontanon, iv, 487.

« aujourd'hui entièrement cessé et discontinué en ladite ville
« de Lyon et quasi dilaté et transporté d'icelle en autres pays,
« desquels il avait été autrefois tiré, dont s'ensuit un trop
« gros intérest, préjudice et dommage à ladite ville, et consé-
« quemment à la chose publique du royaume. »

Au dix-huitième siècle, les lettres-patentes du 2 janvier
1749, renouvelées trente-deux ans plus tard, en 1781, établis-
sent de nouvelles mesures répressives. Elles sont essentielle-
ment favorables aux maîtres, et l'art. 3, qui est spécial aux
coalitions, en est ainsi conçu : « Il est fait pareillement dé-
« feuse à tous compagnons et ouvriers de s'assembler en corps,
« sous prétexte de confrérie ou autrement, de cabaler entre
« eux pour se placer les uns les autres chez des maîtres ou
« pour en sortir, ni d'empêcher, de quelque manière que ce
« soit, lesdits maîtres de choisir eux-mêmes leurs ouvriers,
« soit français ou étrangers, sous pareille peine de 100 livres
« contre lesdits compagnons et ouvriers, payables comme
« dessus. »

La Révolution, après avoir détruit les corporations et pro-
clamé la liberté de l'industrie par la loi du 12 mars 1791, voulut assurer son œuvre et empêcher par des mesures énergiques
le retour au passé qu'elle avait détruit. Comme toutes les
institutions déchues, les coalitions emportaient les regrets de
ceux qu'une longue habitude attachait à leur existence même.
Les coalitions apparurent au législateur comme un moyen de
renouer les liens qu'il avait voulu briser. Il les prohiba par
l'article 4 de la loi du 14 juin 1791 qui est ainsi conçu :

« Si contre les principes de la liberté et de la constitution,
« des citoyens attachés aux mêmes professions, arts et métiers
« prenaient des délibérations ou faisaient entre eux des con-
« ventions tendant à refuser de concert ou à n'accorder qu'à
« un prix déterminé le secours de leur industrie et de leurs
« travaux, lesdites délibérations et conventions, accompa-
« gnées ou non de serment, sont déclarées inconstitution-
« nelles, attentatoires à la liberté et à la déclaration des droits
« de l'homme et de nul effet. Les corps administratifs et
« municipaux seront tenus de les déclarer nuls. »

Les chefs et instigateurs des coalitions sont punis par le
même article de 500 livres d'amende, avec suspension pendant
un an de tout droit de citoyen actif et de l'entrée des assem-

blées primaires. Ces peines s'appliquent à la simple convention, indépendamment de tout commencement d'exécution. Si la coalition était accompagnée de menaces contre les entrepreneurs, la peine était de 1,000 livres et de trois mois de prison. Si les menaces ou les violences étaient dirigées contre les ouvriers qui refusaient de prendre part à la coalition, les coupables étaient considérés comme perturbateurs du repos public et punis comme tels. Les coalitions entre patrons ne sont pas prévues par cette loi.

Signalons encore, durant cette période, 1° la loi du 28 septembre 1791 (art. 19 et 20) dont nous avons étudié plus haut les dispositions encore existantes et qui est particulière aux ouvriers des campagnes; 2° la loi du 23 nivôse an II et l'arrêté du 16 fructidor an IV, spéciaux aux manufactures de papier et qui aggravent à leur égard les pénalités prononcées par la loi de 1791.

Cette législation fut encore remaniée par la loi du 22 germinal an XI, dont les dispositions ont été reproduites presque littéralement dans le Code pénal de 1810. Cette loi punissait les coalitions entre patrons comme celles entre ouvriers, mais elle établissait entre elles une différence étrange que la loi du 27 novembre 1849 a fait disparaître. La coalition entre patrons n'était punie qu'autant qu'elle tendait à forcer *injustement et abusivement* l'abaissement des salaires. C'était déclarer expressément que certaines coalitions étaient justes et légitimes, et les tribunaux à qui la répression était confiée étaient chargés en même temps de porter sur le but et le caractère de la coalition cette appréciation difficile et délicate. Toute coalition ouvrière était au contraire punie sans distinction.

Le Code pénal de 1810 ne fit que reproduire cette loi de germinal an XI, en modifiant quelque peu le degré des pénalités. Mais ce qu'il importe surtout de remarquer, c'est que l'esprit qui anime les deux lois n'est plus le même qui avait inspiré le législateur de 1791. Il ne s'agit plus d'empêcher la restauration des corporations, mais bien de protéger énergiquement l'ordre public contre les troubles et les désordres auxquels donnent lieu ces mutineries de patrons ou d'ouvriers coalisés. Ces querelles peuvent devenir à un instant donné un embarras sérieux qu'il importe de prévenir. Ainsi s'expliquent les inconséquences que la loi semble contenir. Les coalitions ouvrières sont plus sévèrement punies que celles des patrons, parce que, mettant en mouvement de grandes masses d'hommes, elles sont plus violentes et plus dangereuses. Les coalitions de patrons qui se font sans tumulte et sans éclat ne sont au contraire punies qu'avec hésitation par le législateur, qui paraît sur ce point douter de l'opportunité de son œuvre. De là ce tempérament qu'elles devront être injustes et abusives pour mériter répression. Quant aux lourdes questions économiques de l'organisation du travail et de la liberté de l'industrie que l'incrimination des coalitions soulève nécessairement, le législateur n'a prétendu ni les aborder ni les résoudre. « Il ne faisait point un règlement pour le commerce ; « il ne se préoccupait ni des débats des maîtres et des ou- « vriers, ni de la légitimité de la concurrence (1). » Il n'a eu qu'un but, protéger l'ordre public contre des excès dont le souvenir récent de la Révolution lui faisait craindre le retour.

Cette législation ne reçut aucune atteinte de la révision du Code pénal en 1832. Aussi il devenait urgent de la soumettre de nouveau au contrôle d'une discussion législative dans laquelle les principes plus nettement établis d'une science encore nouvelle, l'économie politique, seraient appelés à préciser la part qui devait être faite à la liberté du travail et aux nécessités de la répression.

La Constitution de 1848, dans son article 13, proclamait l'égalité des rapports entre les patrons et les ouvriers. Nous avons vu que ce principe n'avait pas été suffisamment respecté dans la législation sur les coalitions. Aussi, en présence du régime nouveau qui venait de s'établir et dès les premiers jours de la réunion de l'Assemblée constituante de 1848, on proposa l'abrogation des articles 414, 415 et 416 du Code pénal. Cette question fut examinée successivement dans le sein des Assemblées constituante et législative, et elle aboutit à la loi du 27 novembre 1849.

Dans le sein de l'Assemblée constituante, à la suite d'une proposition faite par M. Morin de la Drôme, trois rapports furent faits sur la question, le premier par M. Rouher, au nom du comité des travailleurs (8 août 1848) ; le second par M. Camille Bérenger, au nom du comité de législation (8 décem-

____

(1) Chauveau et F. Hélie, *Théorie du Code pénal*, t. v, p. 448.

bre 1848); le troisième par M. Leblond, au nom d'une commission spéciale nommée par la Chambre. La lutte s'engagea entre une opinion radicale qui demandait la suppression de toute répression et l'opinion du comité défendue par M. Rouher qui proposait de distinguer, entre les coalitions, celles dont les tendances sont injustes et celles qui poursuivent au contraire la satisfaction de légitimes intérêts. Cette discussion n'aboutit pas, et l'Assemblée légua à la Législative sa tâche inachevée.

Le 12 juillet 1849, un certain nombre de députés, usant de leur droit d'initiative parlementaire, demandèrent de nouveau la suppression pure et simple de la loi sur les coalitions. Un rapport fut présenté sur cette proposition par M. Emmanuel Arago, et la Chambre décida qu'il y avait lieu de prendre en considération la réforme proposée. Une commission spéciale fut nommée au nom de laquelle M. de Vatimesnil présenta un rapport à la séance du 2 octobre. L'éminent jurisconsulte y concluait aux réformes qui, après une discussion animée et approfondie, furent adoptées par l'Assemblée et qui vinrent modifier le texte des articles 414, 415 et 416 du Code pénal (1).

Plusieurs doctrines étaient en présence dans le sein de l'Assemblée. La première consistait à demander la suppression des articles 414, 415 et 416, et l'impunité complète pour tous les faits de coalition. Cette théorie absolue fut faiblement défendue et elle ne rallia aucun suffrage. « La commission, à « l'unanimité, dit M. de Vatimesnil, a été d'avis que cette « abrogation ne pouvait être prononcée. La suppression des « dispositions dont il s'agit aurait pour effet de laisser la « société entière désarmée contre un genre de délit dange- « reux pour la paix publique, funeste pour l'industrie, et « nuisible à ses auteurs eux-mêmes. »

Une autre opinion, représentée par MM. Valette et Wolowski, et qui n'était que la reproduction de celle précédemment soutenue par M. Rouher à la Constituante, s'inspirait de cette pensée, que, si la répression des coalitions doit être maintenue, il en est cependant quelques-unes qui doivent être déclarées légitimes, et elle proposait de ne punir les coalitions de pa-

______

(1) *Moniteur* des 7 et 12 octobre 1849, Duvergier, 1849, p. 385.

trons ou d'ouvriers qu'autant qu'elles étaient injustes et abusives.

La pensée de cet amendement était de faire entrer pour une part plus large l'élément intentionnel dans la détermination du délit. « Nous n'admettrons pas, disait M. Valette, « qu'on puisse punir des patrons qui n'auraient fait que se « concerter pour établir le véritable prix de revient.... Admettez-vous qu'on puisse punir des ouvriers qui se seraient « bornés pacifiquement, loyalement à calculer les salaires « qui leur paraissent légitimes et qui les auraient fixés et proposés à leurs maîtres, et qui se seraient retirés paisiblement « si ces derniers n'avaient pas voulu les leur accorder? »

M. Leblond proposait, à titre de réalisation pratique de cette idée, de décider qu'aucune condamnation ne pourrait être prononcée sans que le conseil des prud'hommes ou, à son défaut, une commission composée d'un égal nombre de patrons et d'ouvriers eût préalablement donné son avis sur le caractère de la coalition.

M. Baze, au nom de la commission, repoussa la proposition de MM. Valette et Wolowski par deux considérations : la première était qu'il y avait danger à confier aux juges le soin d'apprécier le fond même et la légitimité de la coalition, et de les introduire ainsi dans la partie la plus ardue de la réglementation des salaires. La nature même de leurs fonctions, l'absence de connaissances spéciales, et la nécessité le plus souvent de s'en rapporter à la décision ou au témoignage des tiers, devaient faire écarter cette attribution nouvelle qu'on voulait leur confier.

En second lieu, le projet de loi tenait un compte suffisant de l'intention qui avait animé les inculpés, sans qu'il fût nécessaire d'y introduire aucune disposition nouvelle. « En « effet, disait M. Vatimesnil, est sous-entendu dans tout « article de la loi pénale, que le juré et le juge correctionnel « ont toujours, non-seulement la faculté, mais le devoir impérieux d'examiner la question intentionnelle ou la ques-« tion de bonne foi. Il n'y a qu'une exception, c'est celle « qui concerne les contraventions de police et les contraven-« tions en matière d'impôt. » Ce principe devait suffire pour faire échapper aux peines de la loi les auteurs des coalitions, lorsqu'ils prouvent qu'ils ont cédé à un entraînement excusable.

Aussi, la commission repoussait avec énergie l'adoption de cette pensée, qu'une coalition pût être juste et légitime. — Il est possible qu'il y ait des circonstances dans lesquelles une coalition serait excusable ; mais jamais elle ne pourrait être déclarée juste.

§ 2. *Doctrines économiques.*

Tels sont les éléments principaux de cette discussion, qui aboutit, après de longues séances, à l'adoption de la loi actuelle. Cette loi, malgré sa date récente, va de nouveau être soumise au contrôle du pouvoir législatif. Il est, par conséquent, opportun d'examiner les théories qui se sont produites sur cette question d'un intérêt si considérable. Un système absolu se présente tout d'abord, qui demande l'abrogation pure et simple des articles 414 et suivants, qui réclame, comme un droit imprescriptible pour l'ouvrier, la liberté des coalitions, et qui essaie de justifier par des considérations économiques et historiques cette théorie radicale.

Un principe incontestable, qui doit servir de base à tout discussion sur cette matière, c'est que le travail est une marchandise, dont le prix est fixé par les lois immuables de l'offre et de la demande. — Or, dit-on, l'entente des ouvriers destinée à opérer la rareté du travail offert dans le but d'en faire hausser le prix, n'est qu'un des modes d'action légitimes par lesquels ils prétendent protéger leurs intérêts communs. — Si cet accord est accompagné de sévices et de violences, il est légitime de punir tous les actes coupables qui constituent des délits de droit commun ; mais il n'est pas besoin pour atteindre ce but d'une loi spéciale, qui, outrepassant les droits de la répression, frappe comme un acte immoral ce qui n'est que l'exercice le plus naturel du droit d'association. — Le mobile de la coalition n'échappe-t-il pas d'ailleurs à l'investigation même de la loi ? Le moyen qu'elle emploie, c'est l'inaction, le refus collectif du travail. Or, il n'est pas de force humaine qui ait le pouvoir de briser cette résistance muette, et la loi, qui peut bien priver l'ouvrier de sa liberté, est, en fin de compte, impuissante à lui imposer l'acte qui doit être, par excellence, le résultat d'une volonté libre, le travail. Abordant la question à un point de vue plus élevé, les partisans de ce système ajoutent : Le résultat auquel aboutit la législation actuelle, c'est la prépondérance du capital sur le travail, du maître sur l'ouvrier. — Ce serait une illusion que de penser que, dans le contrat libre où se discute entre le maître et l'ouvrier le prix du salaire, la position soit égale pour les deux parties. — Cette prétendue égalité n'est qu'apparente. Dans les rapports de l'ouvrier et du patron, le véritable débat s'élève entre le capital d'une part et le travail de l'autre. Or, le travail, cette unité vivante qui, chaque jour, a besoin de son salaire, ne se trouve-t-il pas désarmé devant le capital que n'assiégent pas les mêmes préoccupations? D'ailleurs, le capital, pour être quelquefois aux mains d'un seul, est plus souvent encore le patrimoine de nombreux associés. — Quel que soit leur nombre, nos lois ne voient en eux qu'une personne morale qui s'incarne dans le mandataire unique qu'ils ont choisi, et un arrêt souverain de la Cour de cassation (1) a décidé que jamais l'entente de ces capitalistes, si puissants qu'ils puissent être, ne devait être considérée comme une coalition.— Comment dès lors refuser le même droit d'association aux mille travailleurs qui fonctionnent à côté d'eux?

La loi de 1849, dit-on encore, a voulu établir entre le patron et l'ouvrier l'égalité que le Code pénal leur avait refusée. Mais au milieu de cette réglementation factice de rapports qui ne comportent pas l'intervention du législateur, elle a été impuissante à atteindre le but qu'elle poursuivait. Elle a essayé de réprimer la coalition des patrons comme celle des ouvriers. Mais, tandis que la coalition des ouvriers se trahit fatalement dès sa naissance par la publicité qui l'entoure et par les moyens qu'elle emploie, l'entente des patrons se cache le plus souvent à tous les regards et peut résulter de quelques paroles échangées, d'une visite, d'un repas commun, des actes en un mot les plus insignifiants et dont la preuve ne pourra jamais être rapportée.

On invoque encore l'exemple d'un pays voisin dont il est d'un usage salutaire d'interroger les lois : l'Angleterre, après avoir eu contre les coalitions des lois aussi terribles qu'impuissantes, a renoncé en 1825 à ces excès de répression, et la

____

(1) Cass., 2 juillet 1853, *Bull. cr.*, n. 340.

liberté est aujourd'hui sa loi. Elle ne punit plus que les actes de désordre et seulement par le droit commun. — Sous l'empire de cette réforme les coalitions y ont perdu leur caractère de violence brutale. Fréquentes encore et puissantes dans leurs résultats, elles y prennent la forme d'agitations immenses et pacifiques qui convoquent des meetings, discutent leurs droits dans des journaux armés pour leur cause, suppléent par un comité de secours aux salaires dont la coalition a privé les adhérents, et parviennent souvent ainsi à faire triompher par leur persévérance leurs légitimes réclamations. Telles sont les principales considérations que l'on apporte à l'appui de cette thèse, dont la réalisation pratique serait assurément de la plus séduisante simplicité, puisqu'elle consisterait à effacer, d'un trait de plume, dans nos lois, les dispositions mêmes qui sont l'objet du débat.

Cette solution facile doit-elle être accueillie avec l'enthousiasme généreux de ceux qui la proposent? Il est permis d'en douter, et l'examen des objections par lesquelles on peut battre en brèche cette théorie optimiste, nous montrera, davantage encore, combien est redoutable le problème proposé.

Les économistes dont on ne récusera pas l'autorité en cette matière, affirment tout d'abord, comme une loi inflexible, la complète impuissance des coalitions à atteindre le but qu'elles se proposent.

« Les conditions naturelles du salaire, dit M. Wolowski,
« sont aussi rigoureuses que les lois de l'équilibre des fluides;
« pour que le rapport entre l'offre et la demande du travail
« se modifie, c'est sur ces deux termes qu'il faut agir. La sé-
« curité sociale et le développement des capitaux peuvent
« seuls augmenter le travail demandé; l'intelligence, l'habi-
« leté, la prévoyance peuvent seules améliorer les conditions
« du travail offert. Toute autre tentative sera vaine et im-
« puissante (1). »

Adam Smith prouve jusqu'à l'évidence que ce n'est pas la coalition, mais l'accroissement du capital qui seul peut élever la condition des travailleurs.

« Lorsque chaque année fournit de l'emploi pour un nom-
« bre de bras plus grand que celui qui a été employé l'année

____

(1) *Revue de législation et de jurisprudence*, t. II, p. 98.

« précédente, les ouvriers n'ont pas besoin de se coaliser
« pour faire hausser leurs salaires. La rareté des bras occa-
« sionne une concurrence parmi les maîtres, qui mettent à
« l'enchère l'un sur l'autre pour avoir des ouvriers et rom-
« pent ainsi volontairement la ligue naturelle contre l'éléva-
« tion des salaires. »

« Évidemment, continue l'économiste anglais, la demande
« de ceux qui vivent de salaire ne peut augmenter qu'à
« proportion de l'accroissement des fonds destinés à payer des
« salaires. Les salaires sont les plus élevés dans les pays qui font
« le plus de progrès, qui marchent avec le plus de rapidité vers
« l'acquisition de nouvelles richesses.

« Supposer que l'on déplacera arbitrairement ces limites,
« c'est obéir à une illusion fatale. L'effort le plus énergique
« se brisera contre l'impossible, en amenant un temps d'ar-
« rêt dans le travail et une déperdition de capitaux. On agit
« ainsi à rebours du résultat que l'on prétend amener et l'on
« produit plus de misère en poursuivant un accroissement
« d'aisance (1). »

L'exemple de l'Angleterre est la preuve la plus énergique
qu'on puisse apporter à l'appui de ces affirmations de la doc-
trine. Sa législation a été mal interprétée parce qu'elle a été
mal connue. M. Wolowski, dans un article de la *Revue de
Législation et de jurisprudence*, a montré combien il était
inexact de dire que la législation anglaise laissât toute liberté
aux coalitions.

Un grand nombre de statuts promulgués depuis le règne
d'Édouard Ier avaient réprimé les coalitions avec une sévérité
exagérée. — Une procédure spéciale, sommaire et sans garantie, avait été instituée, et ces lois d'exception, loin de diminuer le nombre des coalitions, avaient eu pour effet de les
multiplier.

Un acte de 1824 et un autre de 1825 vinrent modifier cette
législation et exempter de toute peine ceux qui se coalisent
pour débattre la coalition des salaires. — C'était seulement
rendre aux ouvriers, avec la faculté de l'employer à la discussion de leurs intérêts, la liberté d'association qui a toujours
été un des principes fondamentaux de la législation anglaise.

(1) *Revue de législation et de jurisprudence*, t. II, p. 126.

— Mais en même temps qu'elle proclame la liberté des coalitions, la loi nouvelle s'occupe énergiquement de protéger contre toute pression ceux qui ne s'associent pas spontanément à l'entreprise.

Aussi, punit-elle quiconque par voie de violence vis à vis des personnes ou des propriétés, par voie de menaces ou d'intimidation, de vexation ou d'empêchement, s'applique à en contraindre un autre, à rompre le contrat de louage ou à quitter le travail avant le terme fixé ou avant que la besogne soit terminée. — Elle punit également tout dommage, toute destruction de matériel, d'instruments, de machines ou de marchandises. — Empêcher un autre d'accepter de l'ouvrage ou un emploi est également un délit. Enfin, la loi prohibe toute contrainte exercée pour obliger quelqu'un à faire partie d'un club ou association, ou à contribuer au fonds commun.

Les mêmes atteintes sont encore réprimées, lorsqu'elles ont pour but de forcer à suivre des règles, des ordres, des résolutions et des règlements destinés à faire obtenir une augmentation de salaire ou à diminuer les heures de travail et l'étendue de la tâche, ou bien à prescrire le mode suivant lequel la manufacture, le commerce ou l'industrie doivent être dirigés. La tentative de ces délits est elle-même déclarée punissable, et le serment d'un seul témoin suffit pour faire prononcer la condamnation. La peine édictée est l'emprisonnement simple ou avec travail forcé durant trois mois au plus.

Cette législation se résume en deux idées : 1º liberté d'association pour le débat de toute question qui tient à la réglementation des salaires ; 2º précautions minutieuses et sévères pour restreindre la coalition dans ses moyens d'action, et pour préserver de la tyrannie qu'elle serait fatalement tentée d'exercer tous ceux qui ont refusé de lui prêter leur concours.

Ces dispositions paraissent sages, et il semble bien que cette répression prudente, destinée à arrêter les abus possibles de la liberté, eût dû suffire à en prévenir les excès. Il n'en a rien été, et, depuis 1829, le fléau des coalitions a sévi sur l'Angleterre avec une violence sans bornes. On en peut rapporter les preuves officielles. En 1838, le mal devint si grand que le Parlement chargea un comité de procéder sur cette grave question à une de ces enquêtes solennelles qui servent, en Angleterre, de point de départ aux réformes législatives. En 1841, d'autres commissaires chargés d'étudier les causes de la misère d'une industrie particulière, celle des tisserands à la main, signalaient encore la nécessité d'affranchir les ouvriers de la tyrannie des coalitions.

L'Angleterre, durant de longues années, fut couverte de coalitions permanentes, connues sous le nom de *Trades unions* ou unions industrielles, et qui, dirigées par des comités tout-puissants, arrivèrent trop souvent, par une pente rapide, aux procédés les plus odieux d'intimidation et de violence. Souvent elles se constituent en sociétés secrètes dans lesquelles se pratiquent des initiations mystérieuses accompagnées de serments redoutables, dont M. Léon Faucher, dans ses *Études sur l'Angleterre*, nous a fait connaître quelques formules.

Ces coalitions procurèrent-elles au moins aux ouvriers ce surcroît de bien-être qu'ils espéraient obtenir? Sur ce point encore, les faits ont donné raison aux prévisions sévères des économistes. Les coalitions sont la ruine des maîtres; mais elles amènent aussi celle de l'ouvrier. La désertion de l'atelier, si elle se prolonge, amène fatalement, avec l'inaction du matériel et des capitaux, la faillite des patrons; si la grève est générale, l'industrie entière d'une localité peut se trouver anéantie, et, quand le désastre a été consommé, l'ouvrier dont l'égarement obstiné a amené ces tristes résultats, victime involontaire des ruines qu'il a faites, trouve fermé pour jamais l'atelier qui lui fournissait le travail de chaque jour, et il doit chercher le plus souvent dans l'émigration une dernière et douloureuse ressource. « Ce sont les coalitions, disait O'Con- « nell dans l'enquête de 1838, qui ont expulsé l'industrie de « Dublin et des autres cités de l'Irlande. Dublin seul perd un « demi-million de livres sterling de salaires par an. »

Ainsi, il est bien démontré que les coalitions sont impuissantes à améliorer le sort des ouvriers et à produire la hausse des salaires. Le plus souvent les ouvriers qui y ont pris part, après s'être imposé les plus douloureux sacrifices, sont contraints de reprendre, dans des conditions défavorables, le travail interrompu dont ils ont en partie tari la source.

Par exception, cependant, la coalition peut avoir produit ce résultat de créer pour quelque temps, au profit d'un certain nombre d'ouvriers privilégiés, un véritable monopole et une énorme disproportion de salaire. On n'a pas assez insisté sur ce côté tyrannique et odieux des coalitions. Elles ne visent rien moins qu'à restaurer ce qu'il y avait d'exclusif et d'étroit dans le régime des corporations. On a remarqué que les coalitions étaient formées, non pas par les ouvriers les moins favorisés, par ceux qui reçoivent les plus humbles salaires et dont les besoins sont les plus grands, mais par ceux-là, au contraire, qui sont les mieux rentés et les plus habiles, et qui constituent, dans certaines industries privilégiées, le corps d'élite de l'armée manufacturière. Les résolutions qu'ils prétendent faire triompher sont presque toujours empreintes de la plus extrême intolérance. Ils prétendent exclure les femmes des ateliers, interdire aux patrons de prendre des ouvriers étrangers à la coalition, limiter le nombre des apprentis ou restaurer les longueurs et les difficultés de l'initiation professionnelle.

« On a pu supprimer les corporations, dit un publiciste (1),
« mais on n'a pas détruit pour cela l'esprit de monopole et de
« privilége. Cette tradition ancienne des lois se conserve comme
« un héritage fidèlement transmis dans la pensée des ou-
« vriers. En dépit de ce mouvement ascendant de la richesse
« qui tend à effacer la ligne de démarcation d'abord entre les
« chefs et les contre-maîtres de l'industrie, et ensuite entre
« ceux-ci et les simples ouvriers, les ouvriers ne sont occupés
« qu'à relever le mur de séparation et qu'à se former en
« castes. »

Mais, si les coalitions sont impuissantes à altérer les conditions de la réglementation des salaires, si elles aboutissent à une déception, s'ensuit-il qu'on doive laisser à l'expérience le soin de désabuser ceux qui les entreprennent, et la loi pénale doit-elle s'abstenir de les frapper ? En un mot, peut-on réclamer la liberté des coalitions, non plus au nom de l'intérêt des ouvriers (nous avons vu que ce prétendu intérêt repose sur une illusion), mais au nom de cette indifférence que la loi doit montrer pour tous les actes inoffensifs dont l'intérêt public ne réclame pas la répression ?

(1) Léon Faucher, *Etudes sur l'Angleterre ; De la coalition des ouvriers mécaniciens*, t. II, p. 407.

On l'a soutenu, et un jurisconsulte anglais, Buchanan, disait à ce sujet : « Le législateur n'a aucun intérêt positif à intervenir violemment dans les transactions des particuliers. « Les ouvriers s'unissent pour provoquer, aux dépens de « leurs maîtres, une hausse dans les salaires. Eh! pourquoi « pas? Qu'importe au public qu'en définitive le gain revienne « aux ouvriers ou aux chefs? Si la société accorde un bon « prix à un objet, il ne manquera pas d'abonder sur le marché, et il n'est d'aucune importance, en ce qui peut la concerner, que ce prix soit divisé dans telle ou telle proportion entre le salaire et le profit?... La vérité est que les « coalitions de chefs et d'ouvriers sont amenées par la rareté « du travail ou de l'ouvrage. Ce sont les effets d'une cause « plus générale, et, jusqu'à ce que la loi ait atteint cette cause « générale, jusqu'à ce qu'elle ait créé un supplément de travail ou d'ouvrage, elle ne servira qu'à l'oppression des particuliers (1). »

Pour enlever toute autorité à ce raisonnement, il est nécessaire de montrer que les coalitions sont dangereuses pour l'ordre public et que leur répression trouve sa justification dans l'intérêt social qui crée pour toute loi pénale sa légitimité.

Cette démonstration sera facile, car elle résulte des principes que nous avons déjà énoncés et nous n'aurons sur ce point qu'à résumer notre pensée.

En effet, 1° il est établi que les coalitions tendent à changer les conditions naturelles de l'ordre économique, et à altérer en produisant une rareté factice dans l'offre ou dans la demande, les effets sincères de la concurrence industrielle. Elles constituent par conséquent une pression injuste, impuissante peut-être à atteindre d'une manière durable le but qu'elle poursuit, mais qui pour quelque temps du moins peut apporter un trouble sérieux dans l'industrie. Ce résultat, si passager qu'il puisse être, aura suffi le plus souvent à causer la ruine d'un certain nombre d'industriels (2). De plus, comme

_____

(1) Buchanan, *Notes sur Smith*, t. I, p. 88.

(2) Les coalitions ne causent pas seulement la ruine des patrons; elles privent souvent de leur travail des classes entières d'ouvriers restés étrangers à leurs résolutions, mais dont l'industrie est unie par une solidarité

dans ces questions, tous les intérêts sont solidaires, la richesse entière du pays aura été atteinte par ces tentatives coupables. La grève, en rendant inutiles et inféconds les capitaux, les machines et les matières premières entre les mains de ceux qui les possèdent, paralyse, pour un temps, une partie des forces productives de la nation, restreint le marché en écartant les commandes et parfois ruine à jamais dans une localité une industrie qui faisait sa puissance.

2° La coalition est une violence exercée vis à vis des ouvriers. La plupart d'entre eux, manquant de l'énergie nécessaire pour résister à cette pression, adhèrent aux résolutions de la coalition, et s'imposent parfois les plus durs sacrifices pour apporter les deniers péniblement accumulés de leurs économies à l'appui de l'œuvre commune qui les engloutit et les dévore. Le juge, appelé à faire respecter la loi, se trouve le plus souvent vis à vis de coupables dont un entraînement irréfléchi a été la seule faute, et qui ont obéi aux inspirations de quelques meneurs. Cette facilité des ouvriers à se laisser entraîner est attestée par tous ceux qui ont examiné de près les effets des coalitions.

« Les coalitions, disait O'Connell, ont établi un despotisme « incroyable sur l'ensemble des ouvriers. Il n'en est pas de « plus dur et de plus dégradant que celui exercé par une « partie des ouvriers sur l'autre. »

3° Une autre considération, qui doit faire porter sur les coalitions un jugement sévère, c'est que le plus souvent au fond de leurs aspirations mal réfléchies se cachent les restes de ces fausses et malheureuses opinions économiques qui dans d'autres temps, sous le nom de *socialisme,* ont été pour le pays et avant tout pour les classes ouvrières l'origine de tant de douloureuses déceptions. Tantôt on les voit sous une apparence trompeuse de philanthropie réclamer la diminution de la durée du travail dans les ateliers, ou bien la suppression des heures supplémentaires, c'est-à-dire demander que le principe de la réglementation vienne remplacer le

---

étroite au sort de celle dans laquelle la grève s'est produite. C'est ainsi que les coalitions des ouvriers fileurs en Angleterre ont souvent plongé dans la plus profonde détresse tous les autres ouvriers attachés à des titres divers, aux manufactures de laine ou de coton.

principe fécond de la liberté. D'autres fois elles prennent pour but de leurs efforts la substitution du travail à la journée au travail à la tâche, et l'égalité des salaires, méconnaissant cette loi si sage que toute rémunération doit être proportionnée à l'habileté de celui qui l'obtient (1).

4° Enfin la pensée principale qui guide les coalitions est trop souvent une défiance secrète contre le capital. Il s'agit moins encore de dominer les maîtres que de les supplanter. Le rêve qu'elles poursuivent, c'est de remplacer le patron par l'ouvrier, de faire régner dans les ateliers une égalité niveleuse et d'organiser une industrie sans chefs. De là ces essais d'ateliers fondés par la coalition elle-même et qui de déception en déception n'ont jamais abouti qu'à dévorer en peu de temps le capital et les économies de la communauté, au profit de quelques meneurs, grands rêveurs de réformes, dont aucun désastre n'a jamais pu guérir les folles aspirations.

« C'est une chimère d'imaginer que des ouvriers abandon-
« nés à eux-mêmes organiseront et pratiqueront avec succès
« la grande industrie. L'industrie, sous quelque forme qu'on
« la suppose, exige la réunion de ces trois conditions : le capi-
« tal, l'intelligence et la main-d'œuvre. Vous n'avez rien fait
« quand vous avez associé les bras ; car ce n'est là qu'une
« partie du problème, et il reste encore à trouver la pensée
« qui dirige, ainsi que la force qui meut (2). »

(1) La récente coalition des typographes n'est pas restée étrangère à ces injustes prétentions. Ils réclamaient la substitution d'un tarif uniforme au libre débat des salaires entre le maître et l'ouvrier ; ils demandaient aussi qu'aucun apprenti ne fût admis dans les ateliers avant d'avoir été agréé par une commission mixte composée d'ouvriers et de patrons. (Voir les conclusions de M. l'avocat général Sénart, *Droit* du 15 novembre 1862, p. 1135, 3ᵉ colonne.)

(2) Léon Faucher, *op. cit.*, t. II, p. 424 et 429. Quelques essais d'associations ouvrières, exploitant directement une branche d'industrie, ont été tentés en France en 1848. Celles de ces associations qui ont pu subsister n'ont jamais eu qu'une existence assez languissante et ne sont jamais parvenues à réaliser les espérances qu'elles avaient fait naître.

CONCLUSION.

Nous nous sommes montrés sévères pour les coalitions,
ayant réformé, par la réflexion et au contact des pensées de
plusieurs éminents publicistes, les impressions plus indul-
gentes qui s'étaient d'abord produites dans notre esprit. Ce
n'est pas à dire cependant que nous croyions toute réforme
impuissante et que nous considérions la législation actuelle
comme irréprochable dans ses dispositions.

Et d'abord, il faut bien le constater, les lois répressives seront toujours à peu près inefficaces à prévenir les coalitions.
Elles sont le résultat d'une tendance naturelle de l'esprit des
classes ouvrières, et c'est sur cette tendance qn'il faut agir si
l'on veut prévenir les effets nécessaires dont elle est la cause.
C'est cette idée que voulait exprimer un éminent jurisconsulte anglais, lord Cranworth , lorsqu'il disait, au sujet de la
loi anglaise : « Le législateur a fait sagement d'autoriser les
« coalitions ; il n'est jamais politique d'interdire ce qui, per-
« mis ou non permis, n'en doit pas moins exister. » Les hommes qu'un travail commun rassemble sont disposés naturel-
lement à associer leurs intérêts, et, par suite, à se coaliser
pour les faire triompher. Le sentiment d'envie qu'excite trop
souvent la vue de positions plus privilégiées, et que l'éducation
morale peut seule corriger, leur fait facilement considérer
comme hostiles les intérêts qui diffèrent des leurs. Supposez
ces sentiments malveillants excités par des théories politiques
insensées , et vous aurez l'explication des excès odieux dans
lesquels ont été quelquefois précipitées les coalitions.

Pour prévenir de tels maux, il n'existe qu'un seul remède
vraiment efficace, c'est de poursuivre avec ardeur l'œuvre
commencée de l'éducation des classes ouvrières, de répandre
dans leur sein l'instruction et les notions morales et reli-
gieuses qui seules peuvent apaiser ces âmes troublées et ban-
nir cette demi-barbarie qui est presque toujours la fille de la

misère. Sully, dont l'intelligence pratique aimait à sonder ces douloureuses questions, disait déjà *que les tumultes, désordres et mutinations proviennent plus souvent d'avoir mal que du désir d'en faire.* Il importe d'initier aussi les ouvriers aux notions saines de l'économie politique, cette science dont on a dit tant de mal, oubliant qu'elle répond au premier besoin d'une époque dans laquelle les questions politiques s'effacent de plus en plus pour faire place aux questions sociales. L'ouvrier joue le principal rôle dans cette lutte immense de l'industrie qui grandit sans cesse ; n'est-ce pas à lui qu'il importe le plus de connaître les lois que l'intelligence de quelques grands esprits est parvenue à débrouiller dans ce formidable chaos ?

Si nous revenons maintenant à l'examen de notre législation, et s'il nous est permis, dans ce grave débat, d'oser, sans présomption, émettre notre opinion sur les réformes dont elle nous paraît susceptible, nous dirons que la principale critique qui peut être faite à la loi, porte sur la facilité avec laquelle elle punit les coalitions indépendamment des effets qui les ont suivies.

Nous avons vu que deux éléments constituent le délit : 1° le fait matériel de l'accord entre les ouvriers ; 2° l'existence d'un commencement ou d'une tentative d'exécution. Sur ce second point, la loi nous paraît s'être montrée trop sévère. Les mots *commencement et tentative d'exécution* ne pouvant pas être considérés comme formant un double emploi, la jurisprudence a été amenée nécessairement à en conclure qu'un acte d'exécution, si minime qu'il fût, devait suffire à caractériser le délit. Supposons, par exemple, que des ouvriers, en petit nombre, appartenant au même atelier, se réunissent et s'entretiennent le plus pacifiquement de leur salaire et de leur travail ; qu'à la suite de cette réunion, ils chargent l'un d'entre eux d'aller, sans menaces et sans conditions, porter à leur patron une proposition tendant à modifier d'une manière quelconque le travail de l'atelier, nous voyons apparaître immédiatement tous les éléments constitutifs du délit. En effet, la démarche tentée auprès du patron doit être considérée, aux termes de la jurisprudence, comme une tentative d'exécution.

Je n'ignore pas que des faits de cette nature ne sont pas nécessairement soumis à la juridiction correctionnelle, que le ministère public à qui appartient la mise en mouvement de l'action répressive, pèse avec scrupule la résolution qu'il doit prendre et qu'il peut s'abstenir de toute poursuite. Il n'en est pas moins vrai que de tels faits tombent rigoureusement sous l'application du texte de la loi, et ce résultat suffit déjà pour en faire la critique. J'ajoute qu'il est possible que des poursuites soient intentées malgré la modération du ministère public, si les faits lui ont été dénoncés d'une manière inexacte et passionnée par un chef d'atelier, et si les débats de l'audience doivent seuls leur rendre leur véritable caractère. Il en sera de même, indépendamment de toute réquisition des magistrats, si les patrons ont usé contre leurs ouvriers du droit de citation directe.

Il conviendrait donc, ce me semble, de ne punir que les coalitions qui prétendent procéder par voie d'intimidation et de menace, et c'est en ce sens que s'est prononcé le projet de loi dont le Corps législatif aura à discuter les termes. — Ce projet est ainsi conçu :

ARTICLE UNIQUE.

« Les dispositions des articles 414, 415 et 416 du Code pénal « sont modifiées comme il suit :

« Art. 414. Sera puni d'un emprisonnement de six mois à « deux ans et d'une amende de 500 fr. à 5,000 francs :

« 1° Quiconque, par manœuvres coupables, dons ou promes-« ses ayant ce caractère, menaces, violences ou autres moyens « d'intimidation, aura provoqué ceux qui font travailler les « ouvriers à former ou à maintenir une coalition tendant à « forcer l'abaissement des salaires ;

« 2° Quiconque, par les mêmes moyens, aura provoqué les « ouvriers à former ou à maintenir une coalition ayant pour « but de faire cesser en même temps de travailler, interdire le « travail dans un atelier, empêcher de s'y rendre avant ou après « certaines heures, et, en général, de suspendre, empêcher ou « enchérir les travaux.

« L'emprisonnement sera de deux à cinq ans, et l'amende « de 1,000 à 10,000 fr., si les provocations ont été suivies d'effet.

« Art. 415. Seront punis d'un emprisonnement de six jours « à trois mois et d'une amende de 16 fr. à 3,000 fr. les direc-

« teurs d'ateliers ou entrepreneurs d'ouvrage et les ouvriers
« qui, de concert, auront prononcé des amendes autres que
« celles qui ont pour objet la discipline intérieure de l'atelier,
« des défenses, des interdictions, ou toutes proscriptions sous
« le nom de *damnations* ou sous quelque qualification que ce
« puisse être, soit de la part des directeurs d'ateliers ou entre-
» preneurs contre les ouvriers, soit de la part de ceux-ci contre
« les directeurs d'ateliers ou entrepreneurs, soit les uns
« contre les autres.

« Dans le cas prévu par le paragraphe précédent, les chefs
« ou moteurs seront punis d'un emprisonnement de six mois
« à deux ans et d'une amende de 500 fr. à 5,000 fr.

« Art. 416. Les auteurs des provocations prévues par l'article
« 416, si elles ont été suivies d'effet, et les chefs ou moteurs,
« dans le cas prévu par le paragraphe 1er de l'art. 415, pour-
« ront, après l'expiration de leur peine, être mis sous la sur-
« veillance de la haute police pendant deux ans au moins et
« cinq ans au plus. »

L'article 414, on le voit, a été seul profondément modifié.—
L'article 415 qui punit la damnation et les autres cabales de l'a-
telier, a conservé son texte et ses dispositions pénales. Il devra
servir à réprimer énergiquement toutes les influences tyran-
niques et les pressions injustes qui pourraient être exercées
par les ouvriers les uns sur les autres. Il sera, pour chacun
d'eux, la garantie du maintien de son libre arbitre et de son
indépendance dans toutes les occasions où la question des
salaires se posera dans l'atelier.

Si, pour bien comprendre la portée de ce projet, on étudie
avec soin l'exposé des motifs qui le précède, il apparaît bientôt que la réforme proposée fait revivre, à peu de chose près,
les principes soutenus par MM. Wolowski et Valette lors de
la discussion de la loi de 1849.—Deux classes de coalitions sont
distinguées : 1° les coalitions simples qui poursuivent par des
moyens honnêtes et modérés un but légitime et qui sont
mises à l'abri de toute répression ; — 2° les coalitions coupables, caractérisées soit par le mobile séditieux qui les inspire,
soit par les moyens violents qu'elles emploient, soit par le but
illégitime et mal justifié qu'elles poursuivent.

Cette volonté expresse d'innocenter les coalitions destinées
seulement à obtenir dans la rémunération du travail une

augmentation nécessaire, résulte d'un grand nombre de passages de l'Exposé des motifs (1). Le texte lui-même de l'article 414, qui ne réprime plus que les *manœuvres coupables, dons ou promesses ayant ce caractère, menaces, violences ou autres moyens d'intimidation*, consacre à son tour cette distinction sous une forme qu'on pourrait peut-être désirer plus explicite et plus précise.

La loi nouvelle ne punit plus la foule des ouvriers ni des patrons qui ont pris part à la coalition ; ses dispositions répressives n'atteignent que les meneurs qui l'ont provoquée. C'est là une réforme considérable et qui mérite l'approbation. L'application de la peine de l'emprisonnement sans distinction à tous les ouvriers coalisés faisait naître de légitimes scrupules. La coalition, telle que le Code pénal l'avait définie, était du nombre de ces délits, trop nombreux dans toutes les législations, que la loi se croit obligée de punir sans que par ses décisions elle prétende flétrir la moralité de celui qu'elle a frappé. Or, c'est toujours une triste nécessité que d'atteindre de la même peine et de confondre dans la même prison l'homme coupable dont la conscience doit supporter l'affront d'une condamnation flétrissante, et celui qu'un entraînement passager a fait tomber sous les coups de la loi. L'emprisonnement désormais sera réservé aux instigateurs qui, par leurs manœuvres ou leurs conseils coupables, auront provoqué la formation de la coalition. Par contre la peine a été augmentée à leur égard et elle consistera désormais en un emprisonnement de six mois à deux ans et en une amende de 500 à 5,000 francs (2). Le soin de déterminer quels sont les moyens coupables dont l'emploi doit faire tomber les instigateurs des coalitions sous l'application de la loi, a été laissé

---

(1) La coalition simple que nulle peine ne doit atteindre y est ainsi définie : Le concert soit entre patrons, soit entre ouvriers qui s'entendent librement, volontairement, sans emploi ni de la violence ni d'aucun moyen d'intimidation pour fixer les conditions auxquelles ils veulent faire travailler ou travailler, et sanctionnent leurs prétentions par la fermeture ou l'abandon simultané et convenu des ateliers.

(2) La surveillance de la haute police est même prononcée, si la provocation a été suivie d'effet (art. 416). Il résulte implicitement de ce texte que le nouvel article 414 devra être appliqué même aux manœuvres coupables qui n'ont pu aboutir à aucun résultat.

d'une manière souveraine à l'appréciation des juges. Le nouvel article 414 parle bien d'une manière spéciale des *dons ou promesses, des menaces ou violences*, mais il emploie aussi un autre terme plus général, celui de *manœuvres coupables*, qui laisse le champ le plus large à l'interprétation.

Il ne faudrait pas cependant conclure du silence de l'article 414 que la loi est désormais complétement désarmée contre la foule des ouvriers qui ont pris part à la coalition. Tout en reconnaissant la légitimité de certaines coalitions, la loi n'entend pas autoriser leur formation d'une manière absolue, se réservant seulement d'apprécier ensuite la moralité de leurs tendances. Le projet ne leur concède pas le droit de libre association, qui est cependant la condition à peu près essentielle de leur formation, et un passage de l'Exposé des motifs, précieux à recueillir, tranche, par avance, une question qui n'eût pas manqué d'être discutée, celle de savoir si la liberté accordée aux coalitions simples entraînait à leur égard l'abrogation de l'art. 291 du Code pénal, relatif aux associations de plus de vingt personnes. Ce passage est ainsi conçu : « Quant au droit de réunion et d'association, les coalitions ne « pourraient pas s'en faire en France un moyen de troubles et « de grèves durables; puisque, d'après la loi générale *appli-* « *cable à tous les citoyens*, tant qu'elle restera la loi du pays, « les réunions publiques et les associations ne peuvent pas se « former sans la permission de l'autorité, qui ne la refusera « pas assurément quand elle sera demandée pour un motif « légitime, mais qui est armée du droit d'interdiction, et qui « saura s'en servir toutes les fois que l'intérêt de la sécurité « publique l'exigera.

 « Avec de telles garanties, il n'est pas sérieusement à crain- « dre que la liberté donnée à ce que nous avons appelé la coa- « lition pacifique puisse ouvrir la porte aux coalitions tyran- « niques et aux grèves tumultueuses. »

Ce passage me paraît faire connaître d'une manière exacte la théorie de la loi nouvelle. Toute coalition, à sa naissance, aura à subir le contrôle de l'autorité, qui prendra soin de prévenir toutes les excitations par lesquelles elle pourrait dégénérer en tumulte et troubler l'ordre public. Si la coalition prétend sortir de l'atelier, la liberté d'association, qui seule peut lui donner quelque force, ne lui sera concédée qu'autant qu'elle aura justifié de la légitimité de ses aspirations. Telles sont les garanties sérieuses que la loi a entendu conserver contre les excès d'une liberté qui peut si facilement dégénérer en un péril social.

Si, malgré ces sages dispositions, la coalition se laisse entraîner à des mesures violentes, ou même seulement s'il apparaît que des pensées de désordre étrangères à la question même de la réglementation des salaires, ont essayé de s'abriter sous son nom, la toute-puissance de l'art. 291 du Code pénal permet sur-le-champ d'arrêter sa marche envahissante, et la foule de ceux qui ont pris part à ses résolutions, rendue au calme et à l'isolement, exempte d'ailleurs de toute peine, reviendra bientôt à une appréciation plus sage et plus modérée de ses véritables intérêts (1).

Si les actes des meneurs ont été jugés assez graves pour motiver contre eux des poursuites correctionnelles, la justice aura à son tour à se prononcer sur la véritable nature de la coalition, et si les inculpés justifient de leurs intentions, s'ils peuvent expliquer leur conduite par un entraînement plutôt irréfléchi que coupable, la loi se déclarera satisfaite, et ils seront à leur tour renvoyés absous.

Telle est, si j'ai bien su l'entendre, l'économie de la loi proposée. Moins rigoureuse et plus libérale que celle qu'elle vient remplacer, elle n'a pas cru, cependant, pouvoir s'arrêter, dans une matière où tant d'intérêts sérieux et d'éléments complexes sont en jeu, à une de ces théories radicales qui préfèrent trancher les difficultés plutôt que de les résoudre. Tout en restituant avec prudence des droits qui lui ont paru méconnus, elle n'a pas voulu désarmer complétement la société contre un mode d'action qui peut mettre en mouvement des passions et des forces aussi redoutables. Elle a agi avec modération et fermeté, et cependant le problème social qu'elle a

______

(1) Cependant la généralité des termes du nouvel art. 415 que l'ancien art. 414 ne vient plus limiter pourrait sembler permettre encore d'agir par voie de répression contre tous ceux qui ont pris part à la coalition. La discussion de la loi nous fera connaître, sans doute, si cette interprétation rigoureuse ne doit pas être écartée, et si, comme sous l'empire de la législation actuelle, l'art. 415 ne doit pas être restreint aux coalitions ayant pour but de modifier les conditions matérielles de travail de l'atelier; les questions de salaires y restant complétement étrangères.

voulu résoudre présente des difficultés telles qu'il serait sans doute présomptueux de vouloir porter sur elle un jugement définitif, et qu'il n'appartient qu'à l'avenir d'en faire apparaître, avec les résultats les plus lointains, la valeur et l'efficacité.

BIBLIOTHÈQUE IMPÉRIALE

IMPRIMÉ PAR CHARLES NOBLET, RUE SOUFFLOT, 18.

www.ingramcontent.com/pod-product-compliance
Lightning Source LLC
LaVergne TN
LVHW010424060726
842526LV00005B/1695